I0505464

BOA-FÉ PROCESSUAL:

DO VENIRE CONTRA FACTUM PROPRIUM

(ESTUDO SOBRE A RELEVÂNCIA JURÍDICA DO COMPORTAMENTO PROCESSUAL CONTRADITÓRIO NO DIREITO PROCESSUAL PÁTRIO)

EDGAR FIGUEIREDO SIEBRA

Copyright © 2020. Todos os Direitos Reservados.

Nenhuma parte desta publicação pode ser reproduzida, distribuída ou transmitida por qualquer forma ou meio, incluindo fotocópia, gravação ou outros métodos eletrônicos sem a prévia autorização por escrito do autor, exceto no caso de breves citações incluídas em resenhas críticas e alguns outros usos não comerciais permitidos pela lei de direitos autorais.

Acesse: www.edgarfigueiredo.com

SOBRE O LIVRO

A teoria nemo potest venire contra factum proprium visa coibir o comportamento contraditório em relação às expectativas geradas em virtude de ato anterior praticado pelos sujeitos processuais.

No decorrer do presente trabalho científico, será analisado os consectários da proteção à confiança de modo a averiguar quando se está diante de ato próprio capaz de incutir legítima expectativa no seu destinatário, sempre tomando por base o princípio da boa-fé, especialmente em sua acepção objetiva.

Utilizando-se do método dedutivo e recursos bibliográficos, buscou-se verificar como se dá a quebra de confiança e a frustração de expectativas, quais os efeitos da vedação do comportamento contraditório no processo civil, sua forma de aplicação, sua base jurídica e consequências processuais.

PALAVRAS-CHAVE: Nemo potest venire contra factum proprium. Consectários da confiança. Boa-fé objetiva. Processo civil.

SUMÁRIO

INTRODUÇÃO

O novo código de processo civil (Lei nº 13.105/15), em sua redação, deixa claro a nítida preocupação com a preservação da boa-fé e lealdade processual, demonstrando que o processo deve ser entendido como um campo de composição de litígios de maneira adequada e cooperativa e não uma zona de combate desmedido, onde as partes defendem de modo inconsequente suas pretensões.

Nessa esteira, o venire contra factum proprium se mostra como um instituto de extrema importância para preservação da boa-fé e legítimas expectativas, barrando os efeitos de atos que violam o factum proprium ou mesmo embasando sanções àqueles que agem de forma contraditória.

A vedação do comportamento contraditório não é expressamente positivada em dispositivos legais, já que se trata de uma construção dogmática extraída de modo sistemático do ordenamento jurídico, tendo como corolário o princípio da boa-fé.

É exatamente a ausência de positivação legal, bem como a caraterística aberta e casuística das hipóteses geradoras de legítimas expectativas, que incube aos estudiosos desse tema um papel relevante na delimitação de tal instituto jurídico.

Relevância esta não somente na seara acadêmica, como também de ordem prática, de modo a sanar indagações como até que ponto a proibição do comportamento contraditório deve limitar a autonomia da vontade das partes? Quando surge a confiança no factum proprium? Quais os efeitos e sanções decorrentes da aplicação do venire contra factum proprium no processo civil?

E para tanto, é necessário conhecer os pressupostos e bases jurídicas que fundamentam a aplicabilidade do venire, as hipóteses de incidência, suas peculiaridades em relação à outros institutos que também protegem a confiança como o tu quoque, supressio e surrectio, compreender quando um comportamento poderá ser considerado apto à gerar legítima expectativa, bem como averiguar quais os efeitos processuais gerados pela aplicação do venire no processo civil.

Para cumprir este mister, o autor valeu-se do método dedutivo, realizando uma pesquisa bibliográfica e documental de abordagem qualitativa com a utilização de recursos bibliográficos, como por exemplo, livros, artigos científicos, teses e dissertações acadêmicas.

Desse modo, a escolha do tema se justifica pela importância teórica e prática que o instituto da vedação ao comportamento contraditório é para o devido processo legal substancial.

CONSECTÁRIOS DA PROTEÇÃO À CONFIANÇA

A confiança, seja aquela gerada por comportamento extra-processual ou endoprocessual, quando rompida, pode justificar a aplicação do instituto do venire contra factum proprium.

Dentre os institutos corolários da legítima expectativa pode-se citar a boa-fé objetiva e subjetiva, a garantia da não surpresa, o supressio e surrectio e o tu quoque.

A boa-fé subjetiva pressupõe um estado de ignorância do sujeito que em sua conduta acredita não estar violando qualquer norma jurídica, sendo seu agir, portanto, pautado no estado psicológico da crença na licitude do ato.

De outro norte, a boa-fé objetiva se relaciona com o padrão de conduta socialmente esperado, ligado à honestidade e lealdade e, exatamente por ter feições que podem ser externamente aferidas e objetivamente constatadas, a boa-fé objetiva vem ganhando forte relevância doutrinária e jurisprudencial.

Nas palavras de Tunala (2014, p.16):

A boa-fé objetiva é, em nosso ordenamento atual, um princípio jurídico e uma cláusula geral, ou seja, um valor fundante e uma técnica legislativa. Difere-se da boa-fé subjetiva por ser esta a crença do sujeito de estar atuando em conformidade com o ordenamento. Aquela, por sua vez, é o padrão social de conduta ligado à honestidade e à lealdade esperada de todo homem médio. A teoria da vedação de comportamentos processuais contraditórios relaciona-se com a boa-fé objetiva, já que veda a contradição que rompe uma confiança gerada segundo os padrões de conduta de uma sociedade.

Interessante notar que o novo código de processo civil, demonstrando a real importância da boa-fé na relação processual, passou a positiva-la no artigo 5°, dispositivo este inexistente no código de 1973.

Vejamos seu teor, CPC/15:

Art. 5° Aquele que de qualquer forma participa do processo deve comporta-se de acordo com a boa-fé

A boa-fé tem tamanha força e importância na tutela da confiança, que até mesmo nulidades formais seriam obstadas de serem posteriormente invocadas por alguma das partes se agissem em contraposição às expectativas geradas.

Essa inalegabilidade de nulidades conforme Romeu (2012, p.60), "reprime a conduta que, amparada num vício de forma, contraria a substância da relação jurídica e atenta contra o princípio da boa-fé".

Seria portando, a boa-fé uma espécie cláusula geral do ordenamento jurídico.

Por cláusula geral, "podemos compreendê-la como formulações gerais e abertas da lei, constituindo normas guias ao julgador, que se vincula e lhe atribui autonomia para decidir aplicando o direito ao caso real". (NETO, 2017, p. 11)

Perfazem, porquanto, conceitos abstratos que tem por escopo concretizar os princípios jurídicos na aplicação de um determinado caso.

Ademais, a boa-fé objetiva possui as funções interpretativa, supletiva ou limitativa.

Quanto à função interpretativa preceitua Tunala (2014, p.75):

A função interpretativa está estampada no artigo 113 do código Civil. Ao afirmar que "os negócios jurídicos devem ser interpretados conforme a boa-fé e os usos do lugar de sua celebração" estabelece-se a boa-fé como critério interpretativo a ser observado na relação obrigacional. Assim, o verdadeiro sentido de determinada estipulação negocial, em caso de dúvida ou obscuridades, deve ser alcançado buscando-se a interpretação que privilegie o sentido conforme a lealdade e honestidade.

Quanto à função supletiva ou integrativa discorre a doutrinadora (2014, p. 76):

A função supletiva ou integrativa, por sua vez, é a segunda função a qual veio positivada pelo artigo 422 do código civil: "Os contratantes são obrigados a guardar, assim na conclusão do contrato, como em sua execução, os princípios de probidade e boa-fé". Por meio dessa função, portanto, são criados deveres anexos à obrigação principal (também chamados de deveres acessórios ou laterais), o que significa dizer que, ainda que inexista manifestação de vontades das partes nesse sentido -, eles são exigíveis porque decorrentes da cominação legal de que elas devem agir conforme a boa-fé.

Concluindo a classificação a autora Tunala (2014, p.76), pontua:

E por fim, o artigo 187 do código civil evidencia a função corretiva, impeditiva ou limitativa, do exercício de direitos. Ao afirmar que "também comete ato ilícito o titular de um direito que, ao exercê-lo, excede manifestamente os limites impostos pelo seu fim econômico ou social, pela boa-fé ou pelos bons costumes.", o referido artigo impõe limites ao exercício de atos que inicialmente seriam lícitos, mas se tornam ilícitos diante da afronta à boa-fé, ou ao outros dois critérios elencados.

A boa fé também faz surgir deveres anexos que seriam deveres secundários à obrigação principal que independem da vontade das partes tais como o dever de informação, segurança, proteção e sigilo.

A boa-fé, especialmente a objetiva, está estritamente relacionada com a garantia da não surpresa e com o próprio instituto da vedação do comportamento contraditório, consoante bem explanado por Maron (2011, p. 34):

A primeira manifestação desta teoria é o afamado *nemo potest venire contra factum proprium*, que, em síntese, significa que a adoção comum de uma determinada conduta impede que seja legítima uma outra conduta absolutamente contrária. Esta situação, que certamente surpreende a outra parte, é conduta que não corresponde à boa-fé objetiva e seus paradigmas. Isto porque a adoção de determinada conduta, por tempo razoável, incute na mente da outra parte a expectativa de que esta conduta se solidificou e não será alterada, sobremaneira em repente.

Como se pode notar, a proteção à confiança pressupõe a existência de conduta anterior que tenha gerado legítima expectativa no destinatário do ato.

Esse ato anterior que teve a aptidão de incutir legítima expectativa na outra parte é denominado *factum proprium.*

O *"factum proprium* é aquele ato inicialmente praticado e que a partir dele, são geradas expectativas que, uma vez aderidas por terceiros, ensejam a possibilidade de vedação do comportamento contraditório."

Entretanto, para que esse ato possa ser identificado como apto a gerar expectativas, algumas ressalvas devem ser feitas.

Pois bem, essas ressalvas quanto ao factum próprio para o efetivo surgimento da expectativa, constituem o atendimento de alguns requisitos.

Dentre esses requisitos está o de que "o factum proprium deve corresponder a um comportamento humano, excluindo-se os fatos naturais que independem da vontade"

Isso ocorre porque nos fatos naturais inexiste confiança gerada já que se trata de ato involuntário da natureza o qual inexiste a possibilidade de imputação de possível responsável.

Outrossim, o factum proprium não deve corresponder à uma omissão, visto que em tal situação outros institutos tutelariam a boa-fé para os casso omissivos sendo eles a supressio e surrectio.

Watkins (2011, p.50) em sua obra científica, com maestria conceitua os dois institutos supra mencionados, em suas palavras:

A supressio, conhecida no direito alemão como "Verwirkung", representa o abuso no exercício de um direito diante de um retardamento injustificado. O titular de um direito, ao se omitir, de forma prolongada e desleal, em exercê-lo, poderá criar legítimas expectativas na outra parte de que tal direito não mais será posto em prática.

E no que tange à supressio Watkins (2011 apud ROSENVALD, p. 51):

É possível dizer que supressio é o fenômeno da perda, supressão, de determinada faculdade jurídica pelo decurso do tempo, ao revés da surrectio que se refere ao fenômeno inverso, isto é, o surgimento de uma situação de vantagem para alguém em razão do não exercício por outrem de um determinado direito, cerceada a possibilidade de exercê-lo posteriormente

Diferentemente de Tunala, Watkins (2011, p. 50-51) defende que a supressio e surrectio seriam espécies de vedação ao comportamento processual contraditório para o caso de comportamentos omissivos:

Note-se que os institutos da *supressio* e da *surrectio* destinam-se a proteger as expectativas legítimas de uma pessoa em face à inércia de outra, razão pela qual podem ser considerados espécies de *venire contra factum proprium*, com a especificidade de o *factum proprium* representar um comportamento omissivo.

Outro instituto que também se relaciona com a proteção à confiança é o chamado *tu quoque.*

Doria pessoa (2016, p. 127) é claro ao conceituar que "tu quoque pode ser entendido como o exercício inadmissível de um direito em razão da atuação abusiva de um sujeito que violou a norma e pretende beneficiar-se desse ato em benefício próprio".

Explica o referido doutrinador que o tu quoque impõe uma regra que impede que uma pessoa se prevaleça da violação da norma jurídica que deu causa, para angariar proveito próprio ou exigir de outrem ou acatamento da situação já violada.

E que no tu quoque, assim como no venire contra factum proprium, existe uma sequência de dois atos, sendo que no caso do tu quoque o primeiro ato é um ilícito.

Dessa forma, o tu toque age simultaneamente sobre os princípios da boa-fé e da justiça contratual, pois pretende não só evitar que o contratante faltoso se beneficie de sua própria falta, como também resguardar o equilíbrio entre as prestações. (Elias, 2008)

VENIRE E PRECLUSÃO

Venire contra factum proprium e a preclusão, apesar das diversas semelhanças entre si, são institutos distintos mas que atuam simbioticamente no processo, principalmente no que tange à adequada tramitação processual.

A princípio, podemos afirmar que no âmbito processual, a preclusão agiria em torno da segurança jurídica ao impedir que atos já consumados fossem repetidos, barrando situações surpresas que justificariam a aplicação da vedação do comportamento contraditório.

Pois bem, por preclusão, pode-se entender como uma espécie de técnica processual que promove o diálogo processual ao passo que limita os poderes e faculdades dos participantes no processo sem que isso corresponda à uma violação ao contraditório, ampla defesa ou outro princípio atrelado ao devido processo legal.

O fundamento da preclusão reside no pressuposto da segurança jurídica, limitando poderes processuais no intuito de impedir retrocessos na dinâmica do procedimento, viabilizando a consolidação de situações jurídicas.

Tunala (2015, p. 208), ao tratar das finalidade da preclusão, no que tange à segurança jurídica pontua que:

A segurança jurídica é apontada como uma finalidade: a possibilidade, em abstrato, e ilimitada, de exercer-se determinada situação jurídica processual geraria uma incerteza e insegurança na parte adversa, que só se extinguiria com a prática do ato em si, não fosse a funcionalidade da preclusão. Em outras palavras, sem a preclusão, a expectativa com relação à prática ou não de determinada posição jurídica seria indefinida, e a continuidade do processo seria constantemente prejudicada, porquanto um sujeito processual poderia ser surpreendido com a retomada de atos e questões acreditava terem ficado para trás.

Outra finalidade da preclusão, seria garantir a intangibilidade do resultado do litígio e a segurança jurídica das relações certificadas, a preclusão tem a finalidade de ordenar o desenvolvimento do procedimento com a eliminação progressiva e definitiva de fases processuais.

Ao promover a estruturação do procedimento de forma ordenada e objetiva, a preclusão representaria o mecanismo mais eficiente para eliminar os obstáculos à marcha do processo, tornando efetivo o ideal da rápida composição do litígio, possibilitando assim, a satisfação dos direitos em razoável decurso de tempo, atendendo ao preceito da tempestividade na entrega da tutela jurisdicional.

No que se refere aos sujeitos processuais, especialmente quanto aos sujeitos parciais do processo, quais sejam, autor e réu, é possível identificar e classificar a preclusão na modalidade temporal e lógica.

Quanto à preclusão temporal Tunala (2015, p. 214) fazendo referência à doutrina de Heitor Vitor Mendonça discorre que:

A perda da possibilidade de praticar um ato processual advém de ter transcorrido o prazo previsto em lei para tanto, ou a fase processual que ele poderia ter exercido. Assim, uma vez exercido o ônus a destempo, o ato é ineficaz por não preencher o seu requisito temporal de admissibilidade, e passa a ser encarado como se jamais fora praticado, tal como uma omissão.

A preclusão lógica seria responsável por obstar a prática de um ato processual se outro incompatível com ele fora anteriormente praticado.

Já no que se refere à preclusão aplicado ao juiz, conhecida como preclusão *pro iudicato,* a mesma autora a conceitua como a impossibilidade do órgão julgador de reapreciar questões já decididas incidentalmente no curso do processo.

E avança, delineando que a preclusão *pro iudicato* gera os mesmos efeitos práticos da coisa julgada material.

Pondera ainda que, para se obter o real alcance da preclusão judicial, é preciso definir quando duas ou mais questões poderão ser consideradas como idênticas.

Pois bem, esses elementos de identificação narrados por Tunala (2015, p. 223) em referência à obra de Heitor são:

Tal como a demanda, que possui três elementos identificadores – partes, causa de pedir e pedido -, as questões incidentais também têm elementos sem os quais sua identificação deixa de existir; são eles: o mesmo ponto de fato ou de direito, o mesmo suporte fático-jurídico e o mesmo suporte probatório.

E por incidental, entende-se como as questões enfrentadas no curso do processo ou mesmo na sentença, desde que, pelo seu conteúdo, sejam etapas a serem vencidas para que se chegue à apreciação do mérito.

Observa-se portanto, que, assim como no *venire contra factum proprium,* a preclusão configura-se a partir da comparação de condutas incompatíveis, porém, ao passo que aquele veda a conduta processual contraditória em busca da boa-fé, esta tem por finalidade primordial a garantia da celeridade e desenvolvimento retilíneo do processo.

E continua a pesquisadora, em seu raciocínio, pontuando que o *venire contra factum proprium* possui efeitos extraprocessuais e a preclusão está adstrita ao campo endoprocessual.

Vejamos o que diz Tunala (2015, p. 249):

A preclusão lógica como hoje compreendida pela maioria da doutrina brasileira, distancia-se da vedação de comportamentos contraditórios, uma vez que (I) não tem posição de destaque a ponto de enaltecer a proteção de expectativas fundadas na boa-fé e cooperação como deveria, já que essa é a finalidade do *venire*, (II) tem efeitos limitados às barreiras endoprocessuais, (III) não se configura a partir de comportamento omissivo, ou outras situações jurídico-processuais que não o ônus e (IV) em verdade, revela apenas uma das possíveis consequências da adoção do comportamento processual contraditório.

Feitas as ponderações necessárias, importante também confrontar o *venire* com outros institutos processuais.

VENIRE CONTRA FACTUM PROPRIUM E O ABUSO DE DIREITO PROCESSUAL

O campo do processo civil apresenta-se como um lugar fértil para a proliferação do exercício abusivo de direito, visto que lida diretamente com o litígio e por essência, visa a composição de pretensões preponderantemente opostas.

Essa divergência de interesses tornam as partes mais susceptíveis à abusarem do processo.

Por abuso do processo pode-se entender como o exercício de situações jurídicas processuais de modo desvirtuado de sua função e contrária a finalidade da norma.

E que para sua caracterização é necessário o exercício de situação jurídica processual por algum dos sujeitos legitimados por lei para agir, ou seja, que o praticante do ato seja parte na relação jurídica processual.

Tanto as partes parciais no processo tais como autor e réu, advogados e terceiros intervenientes, como os sujeitos imparciais como o magistrado e auxiliares da justiça, tem a aptidão de praticarem abuso de processo.

Por ato abusivo, entende Neto (2017, p. 29) que seria "todo aquele que se constata no momento em que há a transgressão do elemento axiológico da norma, ou seja, quando se viola os valores do ordenamento jurídico, tendo comportamento contrário à ética".

E que a base do abuso de direito repousa no artigo 187 do Código Civil e é verificada pela boa-fé, pelos bons costumes e pela função social, não podendo o sujeito abusar de um direito que possui, nem de maneira intencional a exemplo da litigância de má-fé, nem tampouco desobedecendo a um padrão de comportamento, violando, assim, a boa-fé objetiva.

Desta feita, no campo do abuso do direito, a boa-fé serviria com critério para se identificar o desvio de finalidade de determinado ato ao passo que a proibição do comportamento contraditório funcionaria como um desdobramento da boa-fé para o controle ao exercício de direitos.

Assim, conforme defende Fredie Didier citado por Neto (2017, p. 30) "o princípio da boa-fé proíbe atipicamente qualquer abuso de direito processual, ele passa, assim, a ser um ilícito processual atípico".

Nesse sentido, Tunala (2015, p. 170-171) explica que:

O *venire contra factum proprium* processual é uma espécie de abuso do processo por violação à boa-fé. Não são figura absolutamente coincidentes porque o abuso do processo é mais amplo, pode se dar não só com base na ruptura da confiança pelo exercício de condutas processuais contraditórias e nem só com base na inobservância da boa-fé, do que se conclui que o abuso do processo é gênero, do qual o *venire* processual é espécie.

Neto em sua obra, traz alguns exemplos de abuso de direito processual.

No campo dos recusos. Neto (2017, p. 30) cita o exemplo do:

Abuso do direito de recorrer, que inclusive configura litigância de má-fé, conforme preceitua o artigo 80, inciso VII, do novo Código de Processo Civil, que estabelece que "considera-se litigante de má-fé aquele que interpuser recurso com intuito manifestamente protelatório".

No campo do contraditório Neto (2017, p. 30) cita o exemplo do "abuso de direito de defesa, que inclusive enseja no ajuizamento de tutela provisória de evidência, conforme estabelece o artigo 311, inciso I, do novo Código de Processo Civil".

E por fim, no campo da execução, Neto (2017, p. 30) cita o exemplo da hipótese de abuso na escolha do meio executivo, conforme expõe o artigo 805 do novo Código de Processo Civil, que assegura que "quando por vários meios o exequente puder promover a execução, o juiz mandará que se faça pelo modo menos gravoso para o executado".

APLICAÇÃO DO VENIRE NO PROCESSO E SUAS CONSEQUÊNCIAS

C omo já mencionado na presente obra, não são todos os comportamentos contraditórios que devem ser proibidos e/ou sancionados, visto que alguns pressupostos devem ser atendidos para que o venire seja caracterizado.

Minuciando o instituto, Ayres (2010) explica que para aplicação do instituto da vedação ao comportamento contraditório deve estar presente três elementos essenciais que são o comportamento ou conduta inicial, o surgimento da expectativa e investimento na expectativa gerada.

Conforme o mesmo autor, o comportamento ou conduta inicial é denominado de *factum proprium e* esclarece que esse comportamento não é vinculado visto que caso o fosse, já estaria proibido por disposição legal gerando, automaticamente, a responsabilidade civil do agente.

Sendo assim, Ayres (2010, p. 12), consigna que:

Não se pode dizer que uma conduta inicial sujeita ao nemo potest venire contra factum proprium tem de ser juridicamente relevante e eficaz, como na maioria das vezes não o é. Ressalta-se que é, justamente, pelo fato do factum proprium ser desconsiderado pelo direito positivo, que se faz necessária a tutela da confiança.

Sustenta, ainda, que por contradição entende-se como a incompatibilidade entre dois comportamentos ocorridos em tempos diferentes, diz Ayres (2010, p.15) que "o venire contra factum proprium é apenas uma conduta, a princípio lícita, que, em razão de um comportamento anterior, torna-se ilícita por ferir a confiança que a conduta inicial inspirara".

A confiança, ainda segundo Ayres (2010), somente poderá ser verificada no caso concreto pela observância de indícios de adesão ao *factum proprium* pelo confiante e que esses indícios poderiam ser constatados, por exemplo, pela existência de prejuízo, a efetivação de despesas em razão da conduta inicial, a publicidade das expectativas geradas entre outras hipóteses surgidas na casuística jurídica.

Ainda pondera o autor que esses indícios de confiança não são cumulativos entre si, e que a falta de algum deles poderão ser supridas pela intensidade em que os demais assumam.

"O que se espera do confiante, para verificar o estado de confiança, é que tenha agido ou deixado de agir em razão da expectativa criada pelo factum proprium, ou seja, que tenha ocorrido um investimento do confiante em razão do comportamento da outra parte". (AYRES, 2010, p.14)

Dessa forma, como se denota, não somente a parte deve confiar no *facto proprium,* como também deve investir suas expectativas nessa conduta inicial.

Esse investimento na confiança não será necessariamente monetário, podendo ser demonstrado pelo desenvolvimento de determinada atividade pelo confiante, ou mesmo a abstinência em praticar determinada conduta.

Pontua Ayres (2010, p. 15) que:

O dano que se tenta evitar com a aplicação do "venire" não tem caráter exclusivamente patrimonial; há a possibilidade de se falar em dano moral, não ocasionado pela ruptura da legítima confiança em si, mas, em determinados casos, como reflexo da referida ruptura, que pode causar frustração de expectativas referentes à personalidade, como honra e dignidade.

E que a simples ameaça de dano já torna possível a proibição do venire, mesmo porque a intenção deste instituto não é apenas reparar o dano causado pelo comportamento contraditório, mas, também, impedir que ele ocorra. Neste caso, naturalmente, não há falar em indenização, mas na determinação de obrigação de fazer ou não fazer.

Pois bem, verificado a ocorrência de contradição, é necessário o restabelecimento da confiança gerado pelo *factum proprium* e barrar a produção de efeitos do comportamento contraditório.

Segundo Tunala (2015, p. 302):

Quando há venire do juiz a consequência é uma só: buscar a situação de reequilíbrio da confiança do jurisdicionado no órgão julgador. Quando o venire é praticado pelas partes, além do reestabelecimento de confiança, há a possibilidade de valoração da conduta (o que certamente não se aplica ao órgão julgador, já que sua conduta não pode servir de indício), e ainda, aplicação de sanção por litigância de má-fé (que tem por destinatário apenas os sujeitos parciais, afinal, o juiz sequer litiga, seus interesses particulares não estão envolvidos no processo)

No que concerne ao reequilíbrio da confiança, o impedimento de produção de efeito do ato contraditório, ainda segunda a autora, se faz de maneira casuística em virtude da não possibilidade de tipificação a priori.

Mas, independentemente da maneira em que o reestabelecimento da confiança for executado, a premissa será a mesma, que é a de que o comportamento contraditório não possa ser praticado e caso tenha sido executada, seus efeitos devem ser afastados.

No caso de contradições simultâneas dia a autora Tunala (2015, p. 305):

Em caso de contradição simultânea, será ela a forma de identificar a conduta a ser vedada: o comportamento em contradição serve de indício a partir do qual se cria a presunção – fundada na regra de experiência de que, frente a teses contraditórias, será mais verídica aquela menos favorável ao sujeito em contradição – de que a verdadeira é a menos favorável, tornando ineficaz aquela mais favorável.

Também, para desestimular o comportamento contraditório, é possível a aplicação de sanções pecuniárias.

Tal pena se justifica não somente pelo rompimento das expectativas entre as partes adversárias, como também pelo dano causado ao órgão jurisdicional e ao processo, violando a qualidade da prestação jurisdicional, ferindo, assim, o interesse público.

Ainda em análise da doutrina de Tunala, ela afirma que o *venire* é uma modalidade de abuso do processo, sendo assim, passível de aplicação das sanções por litigância de má-fé como multa e indenizações.

Por fim, Romeu (2012) traz algumas hipóteses em que poderia se verificar o *venire contra factum proprium,*

Um dos caso seria em relação à competência do juízo.

O próprio autor poderia arguir a incompetência absoluta do

juízo que ele escolheu para ajuizar sua demanda, apenas sendo punido por litigância de má-fé; ao mesmo sujeito, porém, não seria dado propor uma exceção para suscitar a incompetência relativa deste juízo, por ter provocado o vício alegado, que não dá causa à nulidade do ato jurídico processual (ROMEU apud DIDIER JR, p. 89)

Outra situação seria a hipótese de ação declaratória negativa do direito do autor como forma de mitigação dos efeitos da revelia. (ROMEU, 2012, p. 96)

A prática forense revelou, porém, uma estratégia processual aparentemente capaz de neutralizar a confissão ficta, efeito que se revela o mais prejudicial para a defesa do réu revel. Trata-se da possibilidade de ajuizamento de uma ação declaratória cujo pedido é a declaração de inexistência da relação jurídica afirmada no processo em que ocorreu a revelia, nos termos do art. 4o, inciso I, do Código de Processo Civil. Devido à identidade entre os objetos, as demandas seriam conexas e, consequentemente, poderiam ser reunidas para julgamento simultâneo a pedido da parte interessada (arts. 103 e 105, CPC).

Assim, os fatos que não puderam ser impugnados em razão da revelia, na prática, seriam debatidos na ação declaratória e poderiam ser objeto de instrução probatória.

Também poderia ser configurado venire no caso de oferecimento de bem à penhora e posterior alegação de impenhorabilidade pelo executado. (ROMEU, 2012, p. 110):

Na prática, verifica-se o desvio do instituto da impenhorabilidade e o seu abuso pelo executado, quando responsável pela indicação de bens à penhora. Valendo-se das regras de impenhorabilidade e desvirtuando o seu fim – frise-se, proteger a dignidade do devedor e evitar possíveis abusos pelo credor –, o executado indica determinado bem para garantir a execução, mas alega, em momento posterior, que o bem indicado não pode ser objeto de constrição, por ser impenhorável nos termos da lei.

Todas essas hipóteses citadas, poderiam ter seus efeitos barrados em virtude da quebra da confiança em razão de comportamento anterior que se configurou como *factum proprium*.

CONCLUSÃO

O presente trabalho científico buscou minuciar o instituto do venire contra factum proprium sob a perspectiva do direito processual civil.

Pelo estudo realizado, observou-se que a boa-fé objetiva funciona como princípio basilar para caracterização do surgimento da legítima confiança, atuando como cláusula geral do ordenamento jurídico com funções interpretativas, supletivas e impeditivas, norteando assim, a aplicação dos dispositivos legais, sanando lacunas normativas e impedido a prática da contradição desleal quando atuante em conjunto com o instituto da vedação ao comportamento contraditório.

Discorreu-se no trabalho a respeito de outros institutos que assim como o venire contra factum proprium, também protegem a legítima expectativa, tais como o tu quoque, supressio e surrectio.

Também foi realizada a distinção entre o venire contra factum proprium e a preclusão, que como foi visto, apesar de ambos possuírem semelhanças entre si, o venire é mais amplo, atingindo o campo extraprocessual.

Viu-se que o venire contra factum proprium processual é uma espécie de abuso do processo por violação à boa-fé e tem por escopo evitar a produção de efeitos do ato praticado em contradição à outro anterior que o contradiz, inclusive autorizando a aplicação de sanções pecuniárias pela violação à lealdade processual.

Analisou-se quais as consequências jurídicas da aplicação do venire no processo civil e quem tem a aptidão de figurar como autor da prática do ato contraditório.

Por fim, em uma visão mais prática, foi mencionada algumas hipóteses que justificariam a aplicação do instituto da vedação ao comportamento contraditório como no caso de ação declaratória negativa do direito do autor como forma de mitigação dos efeitos da revelia, oferecimento de bem à penhora com posterior alegação de impenhorabilidade pelo executado, e a arguição de incompetência absoluta pelo autor que voluntariamente escolheu o juízo para ajuizar sua demanda.

REFERÊNCIAS

AYRES, Beatriz F. RODRIGUES, Mariana A. **A proibição do comportamento contraditório no direito brasileiro.** Revista Científica do Departamento de Ciências Jurídicas, Políticas e Gerenciais do UNI-BH Belo Horizonte, vol. III, n. 1, julho 2010. Disponível na internet: <www.unibh.br/revistas/ecivitas> ISSN: 1984-2716.

Didier Jr. Fredie. **Novo código de processo civil: anotado com dispositivos normativos e nunciados** – 5.ed. revista e atualizada – Salvador: Ed. Juspodivm, 2018

ELIAS, Sergio Sipereck. **Venire contra factum proprium**. Revista Científica da Faculdade das Américas Ano II – número 1 – 1º semestre de 2008

MARONA, Michell Nunes Midlej Marona. **A nobreza de conduta erigida ao quilate de norma jurídica:Tu quoque, Brutus, fili me?**.2011. Monografia (especialista) - Escola da Magistratura do Estado do Rio de Janeiro, Rio de Janeiro. 2011

NETO, Elias Marques de Medeiros. **O princípio da boa-fé no ordenamento jurídico brasileiro: um breve estudo do novo código de processo civil.** Revista Eletrônica de Direito Processual – REDP.Rio de Janeiro. Ano 11. Volume 18. Número 1. Janeiro a Abril de 2017 Periódico Quadrimestral da Pós-Graduação Stricto Sensu em Direito Processual da UERJ Patrono: José Carlos Barbosa Moreira. Disponível na internet < www.redp.uerj.br> ISSN 1982-7636.

PESSOA, Valton Doria. **A incidência da boa fé objetiva e do venire**

contra factum proprium nas relações de trabalho/Valton Doria Pessoa. – Salvador : jusPODVM, 2016

ROMEU, Talita Macedo Romeu. **A proibição de comportamento contraditório aplicada ao direito processual civil.** 2012. Dissertação (mestrado) - Universidade Federal da Bahia. Salvador. 2012

SOUZA, Wagner Mota Alves. **A teoria dos atos próprios: esboço de uma teoria do comportamento contraditório aplicada ao direito.** 2006. Dissertação (mestrado). Universidade Federal da Bahia. Salvador. 2006.

TUNALA, Larissa Gaspar. **Comportamento processual contraditório.** 2014. 281 f. Dissertação (mestrado) -- USP / Faculdade de Direito, São Paulo. 2014.

TUNALA, Larissa Gaspar. **Comportamento processual contraditório**/ Larissa Gaspar Tunala – Salvador. JusPODIVM, 2015

WATKINS, Caio. **A proibição ao venire contra factum proprium nas relações jurídico-administrativas: Um mecanismo de proteção da confiança do cidadão diante dos atos do estado.** 2011. Monografia (bacharelado em direito) – universidade católica do Rio de Janeiro (PUC – Rio). Rio de Janeiro. 2011

Se você gostou deste livro, eu ficaria muito grato se você fizesse um comentário curto na Amazon. Eu leio todas as avaliações e realmente a sua ajuda faz toda a diferença para que eu possa continuar fazendo este livro ainda melhor.

Obrigado novamente pelo seu apoio.

Por fim, gostaria de informar que periodicamente redijo artigos jurídicos no portal jurídico jusbrasil.

Aqueles que quiserem sugerir temáticas do ramo do direito poderão acessar meu perfil " Edgar Figueiredo Siebra" e me enviar uma mensagem.

Agradeço pela leitura e me despeço desejando sucesso na jornada de vocês meus queridos leitores.

SOBRE O AUTOR

Edgar Figueiredo Siebra

Edgar Figueiredo Siebra é bacharel em di-
reito pela Universidade Regional do Cariri
Advogado e consultor jurídico
Especialista em direito processual civil
pela URCA
Colunista no portal jurídico Jusbrasil
Escritor
Site: www.edgarfigueiredo.com
Instagram: @trabalhistaEF / @edgar.figueiredo_siebra

www.ingramcontent.com/pod-product-compliance
Lightning Source LLC
Chambersburg PA
CBHW030552220526
45463CB00007B/3070